LA

PLAINE D'ALENÇON

ET

LE MESLE-SUR-SARTHE

PAR CH. DU HAYS

DEUXIÈME PARTIE

MORTAGNE

LONCIN ET DAUPELEY

IMPRIMEURS-LIBRAIRES, RUE D'ALENÇON, 3,

Et chez tous les Libraires du département

1855

LA
PLAINE D'ALENÇON

ET

LE MESLE-SUR-SARTHE

PAR CH. DU HAYS.

DEUXIÈME PARTIE.

MORTAGNE
LONCIN ET DAUPELEY
IMPRIMEURS-LIBRAIRES, RUE D'ALENÇON, 5

1855

PRÉFACE.

J'ai écrit quelques lignes sur le Merlerault qui est mon pays : parité de goûts et d'idées m'a fait espérer, en les traçant, que je pourrais intéresser ses éleveurs, mes compatriotes et mes voisins. Je leur ai dédié ces modestes essais d'une plume dont le cheval eut les prémices, et dont je lui promets, s'il plaît à Dieu, l'âge mur et la vieillesse.

Je n'ai pas voulu rester en retard vis-à-vis de la plaine d'Alençon et du Mesle-sur-Sarthe. J'offre ces quelques mots à leurs éleveurs qui m'ont toujours témoigné une sympathie dont je suis heureux. Je voudrais que cette brochure fût digne de leur en servir de remercîment.

J'ai ici, comme pour le **Merlerault**, voulu non traduire ma pensée en vers, je n'ai ni la prétention ni le bonheur d'être poète, mais rimer, pour la rendre plus originale et plus saisissante, une prose que les amateurs du cheval voudront bien excuser en faveur du sujet. Je n'ose toutefois réclamer une indulgence dont me rendent indigne encore les trop nombreuses fautes que je vois, que je regrette, mais que je n'ai pu éviter, emprisonné par les dures exigences de la vérité historique et les difficultés de la matière. On trouvera sans doute, et avec raison, que je suis bien imprudent d'affronter ainsi la critique sans m'y être préparé, mais, tout préoccupé du bel animal que je chante, je suis entré étourdiment dans le vif et j'ai commencé ma promenade pittoresque au milieu des herbages, en la compagnie si aimée de leurs hôtes, sans m'être inquiété d'autre chose que du désir d'être agréable aux hommes de cheval, toujours pleins de bienveillance lorsqu'on leur parle d'un ami. Si j'ai pu réussir, je me trouverai grandement satisfait.

LA PLAINE D'ALENÇON.

PLAINE D'ALENÇON.

La plaine d'Alençon, la vallée qu'on appelle
Mesle ou Mesle-sur-Sarthe, autour du Merlerault
Sont merveilleusement placées en sentinelle
Pour guider l'étranger vers l'Eden des chevaux.

Toujours le nom de plaine a désigné l'espace
Entre le Mesnil-Broust et les murs d'Alençon,
Compris de l'est à l'ouest, au sud depuis la place
Qu'occupe Montigny jusque vers le Perron.

Parcourons en détail ce petit coin de terre
Que trois lieues sur tous sens pourront bien mesurer ;
Et les dix-sept clochers qu'avec peine il enserre,
Et ses quatre cantons sous nos yeux vont passer.

Est Alençon contient neuf communes dans l'Orne,
Dans le Mesle-sur-Sarthe on en rencontre trois ;

Saint-Pater, dans la Sarthe, à deux clochers se borne,
Et la Fresnaye sur trois, revendique ses droits (*).

Il rappelle en sa forme un triangle isocèle
Dont le sommet serait la ville d'Alençon,
Sa base à la Vesone est une parallèle
Menée du Mesnil-Broust aux landes du Perron.

Un des côtés s'étend sous la forêt d'Fcouvre,
Par la forêt de Bourse un autre est abrité;
Ce grand dôme de bois qu'au lointain on découvre,
C'est Perseigne, par qui le sud est limité.

La Sarthe, grande et belle y trace une vallée
Large, en pente très douce, indiquée mollement;
Tantôt baignant le Maine, et tantôt inclinée
Vers la plaine qu'elle aime à baiser en passant.

Sept cours d'eau, vers le nord, venus de Normandie :
Pont-de-Pierre, Londeau, Sortoir, Bèze, Larré
Arrosent cinq vallons; la Vesone grossie
Des Vendes, des Rigoux, borne tout un côté;

Au midi, le Sarthon coule et naît dans le Maine.
Inverses de la Sarthe, on voit tous ces ruisseaux
En des étroits bassins arrachés à la plaine,
Et très peu de grands parcs arrosés de leurs eaux.

L'une de ces maisons par la mort fut frappée,
L'autre brille toujours, et les bons étalons

(*) DÉPARTEMENT DE L'ORNE. — Canton Est d'Alençon. — Cerisay, Semallé, Larré, fragments d'Alençon, Valframbert, Congé, Radon, Forges, Vingt-Hanaps.

Canton du Mesle-sur-Sarthe. — Mesnil-Erreux, Neuilly-le-Bisson, Hauterive.

DÉPARTEMENT DE LA SARTHE. — Canton de La Fresnaye. — Chassé, Montigny, Chenay.

Canton de Saint-Pater — Le Chevain, fragment de Saint-Pater.

Qu'elle fait tous les ans, sont pour cette contrée
D'un élevage en grand de pratiques leçons.

La Sarthe absorbe tout, et c'est sur ses deux rives
Qu'il faut aller chercher un herbage abondant :
Ses herbes qui ne sont ni toniques ni vives,
Bâtissent pour la mode un carrossier géant.

Dans la plaine, au contraire, et le pays du Maine
Un bon cheval de selle apparaît bien souvent,
Energique et léger, une puissante haleine
Dans ses larges poumons circule librement.

Les chevaux d'Alençon, depuis longtemps célèbres
Par leur antiquité, sont rivaux du Haras;
L'origine s'en perd, et des sombres ténèbres
Leur nom brille parfois près celui des Talvas.

Et dans les temps présents, on trouve deux familles
Qui depuis fort longtemps élèvent des chevaux,
Les Vienne, les Chambay, par des soins fort habiles
Surent plier leur race aux usages nouveaux.

———

CANTON EST D'ALENÇON.

ALENÇON.

On voit dans Alençon le dépôt de remonte,
Où la culture trouve à chaque heure un appui;
Et si l'on oubliait qu'Hercule (1) y fît la monte,
Ses enfants si fameux feraient penser à lui (2).

Les primes d'étalons et de jeunes pouliches,
Autrefois, chaque hiver, de la foire Chand'leur,
Qui fut, dans tous les temps, en bons chevaux si riche,
Par un brillant concours rehaussaient la splendeur.

Douze prix seulement, aux juments de la plaine
S'y donnent aujourd'hui, mais les bonnes juments

De la Sarthe devraient, entrant dans cette arène,
Demander seize prix aux deux départements.

Jusque dans Alençon, la ferme de la Fuie
Possède un bon herbage où peuvent deux juments ;
La prairie sur la Sarthe, aux vents et à la pluie
Exposée, pour chevaux ne convient nullement.

Aux portes d'Alençon on a vu naître Homère,
Le bon Falléro, le fameux Franc-Picard (3),
Vainqueur, toujours vainqueur, dont l'immortelle gloire,
Moderne Godolphin (4), éclot sous un brancard.

VALFRAMBERT. — RADON.

Valframbert a ces prés, nommés la Guérivière,
Qui sont groupés autour d'une belle maison ;
Un éleveur célèbre y finit sa carrière (5),
Sans laisser héritier pour soutenir son nom.

Sa famille partit de la ferme d'Avoles
Qu'on voit au bord des bois, tout auprès de Radon,
Elle a suivi toujours ces glorieuses voies,
Remplissant les fonctions de gardes-étalons.

FORGES. — VINGT-HANAPS.

Forges ne peut offrir que de minces herbages
Se glissant sur les bords du ruisseau de Larré.
On trouve à Vingt-Hanaps quelques bons pâturages
Qui servent de parure au château du Noyer.

LARRÉ.

Larré fut le berceau d'une famille équestre (6)
Dont les nombreux rameaux ont couvert le pays ;
Quelques bons étalons que chacun d'eux fit naître
Leur donnèrent un rang qui n'est point amoindri.

Rhéteur qui de Basly fut le premier élève,
Vit le jour à Larré ; sa robe gris perlé
Fait connaître Quebec ; vaporeux comme un rêve
Après ses devanciers apparaît Quimperlé (7).

Remarquons en passant les Cours des Basseries,
Le Parc-Vendel, l'Etang et le Parc-aux-Etats ;
A la Cour-de-Larré, des prairies bien unies
Où sans crainte un poulain peut prendre ses ébats.

SÉMALLÉ.

Avant quatre-vingt-neuf, deux races bien connues
Donnaient à Sémallé de la célébrité (8) ;
Leur éclat fut bien court, elles furent perdues
Par un fait trop commun : la *consanguinité*.

La *consanguinité*, nous devons bien le dire,
Qui perdit notre race, aura son règne encor
Si les *chevaux privés* viennent ravir l'empire
Au Haras qui toujours fut pour nous l'âge d'or.

La Fontaine y convient pour une poulinière,
Les Bertries, le Coudray, les Pâtures, Lanchal ;
Les Parcs-des-Graphinays, ceux de la Crochardière
Avec leurs frais gazons feront un bon cheval.

Voyez ces beaux poulains, l'honneur de la prairie,
Dans les verts Roncerets, Pré-Labbé, Prés-Louveaux,
Prés-Ginette et Jeannés, regardant sans envie
Le bon Parc-au-Seigneur, sur l'autre bord des eaux.

CONGÉ.

Le Parc-d'Asché s'étend aux confins de la plaine,
De la Campagne aux Prés, servant de trait d'union ;
Son château dans un bois, qu'on aperçoit à peine,
Du voyageur surpris captive l'attention.

CERIZAY.

Cerizay dans la plaine a la première place
Par son antiquité (9), par maint bel étalon
Qu'il fournit au Haras ; dans les concours sa race
De tous les meilleurs prix se fait la part du lion.

Dans cet immense parc, nommé les Grossinières,
Les courses d'Alençon firent un bel essai
Que la mode oublia. Leurs belles poulinières (10)
Feront longtemps rêver aux Parcs de Cerizay.

De chevaux éminents Cerizay tire gloire :
Séduisant, Ardoisé, Fatibello, Noteur,
Peterstroph et Windcliff enfant de la victoire,
Kenilworth, Radical, Malthus, Générateur (11).

CANTON DU MESLE-SUR-SARTHE.

MESNIL-ERREUX

On trouve les Essarts, les herbages de Vendes,
Le Parc du Péroncel, dans le Mesnil-Erreux ;
Le sol est peu fécond, mais ses herbes friandes
Font au cheval un sang ardent et généreux.

Voyez-vous galoper cette jument fameuse ,
Zoë (dont la famille offre la trinité
Arabe, anglaise et turque), allègre et valeureuse
Malgré le poids des ans et sa fécondité (12).

Le gracieux Nérac aux brillantes allures,
Le beau Quasimodo s'y firent admirer (13) ;
Et le dernier rameau de ces races si pures
Qu'un prêtre (14), au nom bien cher, avait su façonner.

NEUILLY. — HAUTERIVE.

On ne trouve à Neuilly rien d'assez remarquable
Pressés d'aller plus loin pour attirer nos yeux.
Hauterive toujours qui fut un lieu notable
Pour faire un bon cheval, saura leur offrir mieux.

Un produit renommé fut la vieille Solide (15),
Spécimen accompli des races d'autrefois
Que j'aime à proposer pour modèle et pour guide ;
Origine, élégance, ampleur, tout à la fois.

Vous pouvez confier à l'Herbage des Forges,
A ceux du Gué-Saint-Vast, aux fertiles Jardins,
Aux grands Parcs que l'on voit près du château des Loges,
Pouliches ou juments, étalons ou poulains.

SARTHE.

CANTON DE LA FRESNAYE.

CHASSÉ.

Il faut n'avoir jamais d'un cheval été maître,
Si l'on n'a visité les grands Parcs de Chassé ;
C'est donc à l'étranger qu'il faut faire connaître
Le trésor de verdure en leur sein entassé.

Le premier, le meilleur, es   Parc de la Butte,
Perronnaye, Pré-du-Gué, ... Seille et les Gouriaux
Sont ses dignes rivaux ; nul herbage ne lutte
Avec eux pour bâtir les grands et forts chevaux.

MONTIGNY.

J'irais voir le château, mais ces trois poulinières
Que j'ai connues enfants (16), le grand Parc de Longueil,

La Blosserie, ses prés, le Parc des Gasslulères,
Les Parcs sur le Sarthon, réclament un coup d'œil.

Hertz, Ottoman, Képi, nés à la Blosserie
Carrément ont posé sa réputation (17) :
Le reste précieux de cette jumentrie
S'enrichit d'éléments remplis de distinction (18).

CHENAY.

Chenay mérite bien notre reconnaissance
Pour avoir conservé sa race de chevaux.
Quand tout croulait ailleurs, d'une gracile naissance
Deux étalons fameux (19) réparaient bien des maux.

Dans des temps plus heureux ils étaient à la reine ;
D'un palais digne d'eux le peuple les chassa,
Ils quittent, sans regret, cette existence vaine
Pour transmettre un sang pur que l'Arabie donna.

On garde souvenir de leurs petites-filles (20),
L'Impérieuse qui fut la perle d'Alençon,
La Prétender qui brille entre des mains habiles,
Les seuls et derniers fruits d'une antique maison.

CANTON DE SAINT-PATER.

LE CHEVAIN.

La ferme de Cohon fut le dernier asile
D'Hélène et de Chloris ; la Biche, Partisan,
Sont leurs derniers enfants ; Polyeucte qui brille
Au Haras nous prédit l'arrivée de Sultan (21).

L'œil découvre alentour huit herbages fertiles,
Bons pour cheval léger, mais les Parcs-du-Chevain
Richement décorés, grâce à des soins habiles,
S'offrent à des juments suivies de leur poulain.

SAINT-PATER.

Chaclas (22) plein d'espérance y coula sa jennesse,
Un funeste accident brisa son avenir.
Oublie bel étalon le turf qui te délaisse
Sur un plus beau théâtre on viendra t'applaudir ?...

———

Je ne veux vous quitter sans vous faire connaître
Le doyen des jockeys, il va nous raconter
Les triomphes nombreux des coursiers de son maître,
Et ces marques d'honneur prouvent qu'il sait monter (23).

Je n'ai point à Larré fait remarquer l'herbage
Où naquit Philosophe, à l'effet du hasard
Ne donnez cet oubli : je vous laisse l'image
De ce héros fameux , digne fils de Jaggard (24).

———

NOTES.

1. Etalon célèbre de pur sang, appartenant, à cette époque, aux remontes militaires.

2. Kramer, par Hercule et Cybèle, fille de Chasseur, Valient, Eclatant, Vidvid, né et élevé chez M. C. Rathier, à Saint-Léger. Kepi, par Hercule, et fille de Sylvio, Oscar, Snail, élevé chez M. Marchand. Langlois, par Hercule et fille d'Impérieux, élevé par M. Philibert Forcinal, à Saint-Aubin-d'Appenay. Omphale, jument par Hercule, et fille de Railleur, Eastham, Bacha, l'Aigle, anglaise, née et élevée chez M. Delacour.

3. 4. Homère, par Impérieux, et fille de Séducteur, sortie d'une D. I. O., né chez M. Cousin, à Congé, élevé par M. Basly. Falléro, par Sylvio, et fille de Dart, né chez M. Châtellier, à Damigny. Babouino, nommé depuis Franc-Picard, pur sang célèbre, par Royal-Oak, ou Nautilus, et Niobé, par Tigris (ancienne jument du Haras du Pin), né et élevé chez M. le comte Curial, à Alençon. On prétend que cet illustre coureur, le plus renommé de tous les chevaux de steeple de notre époque, a été attelé et deviné sous le harnais, comme

l'avait été autrefois l'immortel Godolphin , le créateur
de la race de pur sang anglaise.

5. M. Chambay aîné, à Valframbert.

6. Famille Godichon.

7. Rhéteur, par Impérieux et fille du Vieil Emilius, né
chez M. Jacques Godichon ; Quebec, par Oscar et fille
d'Alexandre II, né chez M Hubert ; Quimperlé, par
William et fille d'Eylau , magnifique jument sortie
d'une Mahomet, sortie d'une Rattler, née chez M. le
comte de Narbonne. Ce cheval, né et élevé chez M. La-
my Godichon.

8. Allusion aux belles races de MM. Leguernay et Pillon,
qui brillaient longtemps avant 1780.

9. On élève depuis un temps immémorial dans la maison
Vienne, qui s'est fondue dans la maison Delacour ; et
dans la maison Leroux.

10. La Prétender ; la Railleur ; Omphale, par Hercule ;
la Fatibello, sœur utérine d'Omphale, à M. Delacour.
La fille d'Eylau ; la fille de Tipple-Cider, Hospodar,
Xercès, Captain Candid, Y. Rattler, Matador, née chez
M. Chappey, à Nonant ; la fille de Sylvio, Hospodar,
Xercès, Captain - Candid, etc., née également chez
M. Chappey. Ces trois juments appartiennent à M Le-
roux.

11. Séduisant, par Préféré (fils de Docteur), et fille de
Glorieux, né et élevé chez M. Vienne. Ardoisé, par
Prétender et fille de Dominant, sortie d'une fille de
Préféré, né et élevé chez M. Vienne. Fatibello, par
Sylvio et fille de Dominant, sortie de la fille de Préféré,
né et élevé chez M. Delacour. Noteur (voyez note 85,
au Merlerault), par Eylau et fille de Diomède, né chez
M. Desforêts, élevé chez M. Delacour. Peterstroph, par
Fortuné et fille de Prétender, sortie d'une Habile, né et
élevé chez M. Delacour. Windcliff, trotteur fameux,
par Windcliff et fille d'Impérieux, né chez M. de Château-Thierry, élevé par M. Delacour, qui le vendit à
M. d'Arthenay. Kenilwortk par Biron, ou Fatibello,
et fille de Prétender, sortie d'une fille d'Habile, né et
élevé chez M. Delacour. Radical, par Tipple - Cider et
fille de Xercès, sortie d'une Voltaire, Eclatant, Aimable, né chez M. Hardouin, élevé chez M. Delacour.

Malthus, par Harlequin et fille de Prétender, sortie
d'une Habile, né et élevé chez M Delacour. Générateur, par Noteur et fille de Pick-Pocket, Impérieux,
Séducteur, né et élevé chez M. Delacour.

12. Zoé, par Eclatant (voyez note 19, au Merlerault) et
Ida, par un cheval arabe et Muscarille arabe, née chez
M. le comte de Sémallé, élevée par M de Bourgeauville, représentant illustre d'une des plus anciennes
familles d'hommes de cheval du Merlerault. Cette jument fameuse a eu un grand nombre de poulains dont
plusieurs sont étalons.

13. Néraç, par Faliéro et Zoé; Quasimodo, par William
et fille de Sylvio, tous deux nés et élevés chez M. de
Bourgeauville.

14. Allusion à une fille de Vidvid qui fut possédée par
M Jacques Godichon, et que malheureusement il vendit à M. Charles Montreuil pour être livrée au commerce Cette jument, née chez M. Héron, au Merlerault, sortait d'une Bacha, qui elle-même était une
petite-fille de la célèbre jument Sauterelle, appartenant à M. l'Abbé des Marres (voyez note 51, au Merlerault).

15. La Solide, par Oscar et fille de D.I.O., sortie d'une
jument de haute race. Elle était née chez M. Trotté,
d'une ancienne famille d'éleveurs renommés; vendue
à M. de Château-Thierry, à Marche-Maison, elle a été
revendue à M. Bourdon, à Saint-Aubin. La race de
chevaux de la maison Henriet est aussi fort ancienne.
Dans une autre maison les essais pour élever le pur
sang ont bien réussi.

16. 17. 18. La ferme de la Blosserie, où M. Marchand a
élevé Hertz, par Eylau et fille d'Impérieux, dont il
sera mention à la note 20; Ottoman, par Falléro et
fille de Basly, sortie de l'Impérieuse; Kepy, dont le
nom a été cité à la note 2. — M. Lalouet occupe cette
Ferme aujourd'hui, il possède la mère d'Ottoman,
qu'il a acquise de M. Marchand, et trois belles pouliches nées à Saint-Germain, près le Merlerault, qu'il a
achetées en 1853; ce sont : 1° Une fille de Chactas,
sortie d'une Sylvio, sortie d'une Jaggard; 2° Une fille
de Merlerault, sortie d'une Secklawy, sortie de la Syl-

vio-Jaggard ; 3° Une fille de Pledge, sortie d'une Impérieux, sortie de la Sylvio-Jaggard.

19. Deux étalons superbes, un alezan et l'autre bai, qui
appartenaient avant 89 à S. M. la Reine Marie-Antoinette. Vendus au moment de la révolution à M. Vincent, marchand de chevaux, ils furent cédés par lui à
M. Marchand, à Chenay, chez qui ils firent la monte et
donnèrent de beaux produits.

20. L'Impérieuse, de M. Marchand, par Impérieux et une
fille de l'étalon bai ; Fanchette, par Prétender et fille
de Tigris, sortie d'une fille de l'étalon alezan. Elle appartient aujourd'hui à M. Fleury, à Saint-Léger-sur-
Sarthe. — Une autre maison à Chenay, celle des Tou-
chard était encore bien connue par son ancienne race,
elle élevait dans le fameux Parc-au-Seigneur, le meilleur herbage de Chenay.

21. Hélène et Chloris, juments de pur sang, autrefois à
la jumenterie du Haras ; Biche, par William et Chloris,
née chez M. Godichon ; Partisan, par Harkaway et
Hélène, né et élevé chez M. Godichon ; Polyeucte, par
Voltaire et fille d'Easthan, Highflyer, Séduisant, né
chez M. Ragon, élevé chez M. Godichon ; Soltan, par
William et Biche, né chez M. Godichon, en 1852. —
Les herbages de Cohon sont : le Parc-Fortin, le Parc de
la Douve, le Parc de la Tasse, le Parc des Fontaines,
les Fourneaux, les Fortes-Terres, le Plant, les Grouas.

22. Chaclas (voyez note 22, au Merlerault), né chez
M. de la Bocque, élevé par M. Erambert, vendu à
M. de Saint-Pater, qui l'a revendu à M. Richer, chez
qui il fait la monte.

23. Louis Saillard, jockey de M. de La Rocque (voyez
notes 37, 39, 40, au Merlerault). Il s'est fixé depuis
quelque temps au Merlerault, où il dresse des chevaux.
Deux médailles viennent de couronner les succès qu'il
a obtenus.

24. Philosophe par Polecat et Victoria, par Jaggard,
Aslan, Volontaire, Docteur, King-Pépin (voyez notes
5, 78, 79, au Merlerault), né chez M. Chesnau, élevé
par M. Busy. C'est le trotteur le plus renommé qui
ait paru sur les hippodromes de France.

2

LE MESLE-SUR-SARTHE.

LE MESLE-SUR-SARTHE.

Le Mesle, né d'hier, est le fils de ses œuvres,
Exemple bien frappant des soins et du savoir
Pour faire un bon cheval; j'en veux donner des preuves
Où, marchant pas à pas, chacun pourra le voir.

Au Mesle on voit grandir deux races opposées :
Une fut introduite en des temps différents,
Et l'autre a dans le sol ses racines fixées,
Devant tout ce qu'elle est aux perfectionnements.

RACES INTRODUITES.

Avant quatre-vingt-treize il n'y a qu'une race,
Dans la maison Bellier (1), tout autour le néant;
Puis monsieur de Villreau (2) paraît et prend sa place
Avec une pouliche amenée de Nonant.

Essay (3) qui s'enrichit de la jumenterie
Du Haras, vers ce temps, se faisait remarquer ;
Et deux belles juments tirées des écuries
De Versailles (4), plus tard, peuplèrent Saint-Léger.

Une jument arabe (5), arrivée de Hongrie,
D'où sang bien précieux dote Marche-Maison ;
La race de Bouvenche (6) est trois fois enrichie
Par Médavy, Nonant, la Plaine d'Alençon.

Pour le Petit Bouvenche (7), Alençon encore donne
Le moule d'où l'on vit sortir tant de juments ;
Mais, le Mesle est ingrat, s'il n'offre une couronne
A l'homme qui guida ses pas encor tremblants (8).

Je ne le nomme point, son nom dans la mémoire
Devra vivre longtemps ; et d'ailleurs ses chevaux,
Qui peuplèrent vos parcs, sont la vivante histoire
Où se liront toujours ses croisements nouveaux.

Médavy lui fournit une jument fameuse (9):
La réforme du Pin, plus tard, en donna deux (10);
De juments d'Angleterre une assemblée nombreuse
Vint produire chez lui des résultats heureux.

RACE INDIGÈNE.

Ramené d'outre-mer, un bon cheval de course (11)
Faisait, vers dix-huit cent, la monte à Saint-Aubin ;
Ce cheval et son fils furent la seule source
D'où sortit un brillant et vigoureux essaim.

Ces races nées du sol, à la Bablais créées (12)
S'y maintinrent longtemps grâce à trois étalons,
Dont un fils de Morwick, et leurs robes neigées
Les font connaître après cinq générations.

Je ne veux point parler de ces bêtes métisses
Issues du Percheron, travesties en anglois (*).

(*) Vieille orthographe du mot anglais.

Loin de vous ennoblir, l'habit vous rapetisse ;
Laissez le gentilhomme, et restez bons bourgeois..

Le pays dont je cherche à faire la peinture
Tient son nom d'un gros bourg sur la Sarthe bâti ;
Cette rivière y forme une large coupure,
Quatre moindres cours d'eau viennent s'y engloutir.

Ces rivières au sud : l'Erine, la Pervenche,
Avec leurs affluents, nées des mêmes coteaux ;
Au nord, c'est la Vesone, et plus loin c'est la Tanche
Grosses toutes les deux de dix petits ruisseaux.

Le Bassin de la Sarthe a six lieues d'étendue
Du levant à Longpont, à Saint-Paul, au couchant ;
Du Chalenge aux Aulneaux, dirigez votre vue
(Le nord et le midi), vous mesurez autant.

Cet espace formule à peu près un losange,
Par de hardis coteaux nettement limité ;
Le centre est pittoresque, à tous les pas il change,
Chaque colline semble y danser un ballet.

Parcourez les coteaux qui servent de ceinture,
Au nord : Bure, Laleu, Montchevrel et Vaudon ;
A l'ouest : Essay, Boitron (une large coupure
Laisse tout entrevoir la Plaine d'Alençon);

A l'est : Saint-Quentin, Coulimer, Mesnière ;
La forêt de Perseigne, ornement du midi,
Prolongeant les coteaux de Louze et Pervenchères,
L'horizon sous vos yeux va s'ouvrir agrandi

Les buttes du milieu cachées sous la parure
De ces sombres forêts, au dôme toujours vert :
Mesnil-Broust, Bourse ; Aulnay qui semble une tenture,
Montmirel, Saint-Aubin, Coulonge et Montgoubert.

Et de beaux clochers bleus, doux et paisible emblème,
Arborent au-dessus leur grand prisme aérien :
Montchevrel, Saint-Aubin qui forme un diadème,
Saint-Quentin et Laleu, Coulonge et Saint-Julien.

Sur deux départements il a son territoire,
Comprend vingt-huit clochers, embrasse cinq cantons,
Trois se voient dans la Sarthe et comptent pour mémoire;
Tout le reste est de l'Orne, énumérons leurs noms (*).

———

CANTON DU MESLE-SUR-SARTHE.

LE MESLE-SUR-SARTHE.

Le Mesle est ce gros bourg au bord de la rivière,
Sur les flancs d'un coteau nonchalamment jeté,
Son site riche et gai, sa fraîcheur printanière
En font bien pardonner l'irrégularité.

Il faut y visiter un dressage modèle (13)
Au modeste maintien, aux éclatants succès ;
C'est lui qui dans Paris fait connaître le Mesle
Et ses heureux efforts sont dignement payés.

Les primes, chaque automne (à dix-neuf abaissées
Depuis bientôt trois ans), s'y donnent aux juments.
Cinq ou six, à regret, dans la foule laissées,
Nous feraient désirer plus d'encouragements.

(*) DÉPARTEMENT DE L'ORNE — CANTON DE MESLE-SUR-SARTHE. — Le Mesle-sur-Sarthe, Saint-Léger, Mesnil-Broust, Marche-Maison, les Ventes de Bourse, Echauffley, Essay, Bursard, Boitron, Aunay, Laleu, Saint-Aubin-d'Appenay, Coulonges.

CANTON DE COURTOMER. — Bures, Sainte-Scolasse, Montchevrel, le Chalenge, le Mesnil-Guyon.

DÉPARTEMENT DE LA SARTHE. — CANTON DE LA FRESNAYE. — Saint-Paul, Roullée, Blèves.

ANCIENNE PROVINCE DU PERCHE (ORNE). — CANTON DE PERVENCHÈRES. — Barville, Saint-Julien, Viday, Pervenchères, Saint-Quentin.

CANTON DE BAZOCHES. — Buré, la Mesnière.

Brullmail, Saint-Léonard, Gasprée, Sainte-Colombe,
Voisins du Merlerault, y viennent concourir,
Et quand leur bataillon y fond comme une trombe,
Le Mesle dépouillé se prend à les maudir.

Ce fertile et grand parc, nommé la Morinière
Et sur lequel le Mesle a toujours l'œil ouvert,
Est d'un magique effet, quand auprès de leur mère,
Les poulains bondissants foulent son tapis vert.

SAINT-LÉGER.

Du charmant Saint-Léger, au bord de la rivière,
On voit monter aux cieux l'obélisque élégant ;
Et son beau tumulus qui respirait la guerre,
De bocages touffus se pare maintenant.

Jadis ce vieux logis à deux juments anglaises (14)
L'Aigle Bai, l'Aigle Blanche, offre un asile heureux ;
La Soubrette et ses sœurs Anglo-Turco-Françaises,
Sont les précieux fruits de ce sang généreux (15).

La belle Sylvinette est leur petite-fille,
La vieille Vaillant perle du Merlerault ;
Je voudrais que de Thou fût de cette famille,
De Thou qui fut rival des plus fameux chevaux (16).

Vous qui savez si bien servir votre patrie (17)
Et par qui le Haras fut richement peuplé,
Ah! puissiez-vous longtemps goûter l'herbe fleurie
Dans le Petit Bouvenche et la Haye de Poislé.

La première a donné Roméo, Ganimède (18),
L'autre à Tipple et Kramer doit sa célébrité.
Beau Kramer, dont le sang à nul autre ne cède,
Ton nom sera connu de la postérité (19) !

La gloire de Bouvenche (20) à ce héros commence
Qui fut à Serquigny (21) pour les courses vendu ;
Puis vient le Marengo (22) qui comme un trait s'élance,
Et n'éprouve jamais l'échec d'un prix perdu.

Depuis, Locomotif, Lysimaque, Volante,
Le beau cheval Henry, lutteur si valeureux,
Ont soutenu son nom. La Russie conquérante
Lui vient prendre un poulain pour des prix fabuleux (23).

Des juments du dehors ont fondé cette race (24):
L'Augustine d'abord, la fille de Rattler;
Louise la belle Anglaise, après elle avec grâce
Brille encore aujourd'hui la vieille Prétender.

On trouve à Saint-Léger les deux Parcs de la Guerche,
Le haut pour des juments, le bas pour carrossiers;
Si pour jeunes chevaux un bon herbage on cherche,
Les Essarts et Bordeaux s'offriront les premiers.

Puis le Parc au Sergent et la Bellangerie; —
A de belles juments il faudra ménager
L'Herbage de la Loge et la Bianderie,
Puis la Haye de Poislé, le Parc de Saint-Léger,

Les Parcs si renommés pour le nerf et la grâce,
Des deux lieux de Bouveuche. Aux herbages des Gains,
Aux Routis, à Poislé, réservez une place
Pour chevaux de commerce et vos moindres poulains.

Pour le château des Nos, l'art avait tout à faire;
A Bouveuche, au contraire, on ne pouvait choisir
Un site plus charmant, plus charmante rivière;
Des prairies aux forêts l'œil promène à loisir.

MESNIL-BROUST.

Au bord de la forêt qui l'orne et qui l'abrite
Mesnil-Broust ressent moins les raffales des vents;
La vallée dans les plis de la rivière inscrite
Nuit et jour retentit, fouéttée par les courants.

Je n'oserais placer des juments bien tracées
Dans les grands Epinay, ces immenses plateaux
Nommés les Prés des Nos, où furent pratiquées,
Sous les Ducs d'Alençon, des courses de chevaux.

Et nos courses de l'Orne y sont inaugurées
Sur le même théâtre, offrant les mêmes jeux;
Elles n'eurent qu'un jour, mortes à peine nées.
Le terrain, plein d'argile, était toujours fangeux.

Les zéphirs doucement lissent de leur haleine
La robe des juments qui sont au Parc Fortin,
La Motte, la Métairie et les Prés-Madeleine,
Le Parc Pommier, les Parcs près le Bourg du Moulin.

MARCHE-MAISONS.

Théâtre tout récent des essais d'un bon maître (25)
On peut, depuis longtemps, citer Marche-Maisons
Pour ses bonnes juments (26). Je veux faire connaître,
En deux mots seulement, ses meilleurs étalons.

Le bon vieil Emilius, le Bourgeois-Gentilhomme
Qu'une fatale erreur nous a fait oublier;
Xercès que l'on goûtait. — Honneur et gloire à l'homme
Qui fit naître Windcliff, Lord Jersey, Carnassier (27)!

Quand la mode encensa Radical, Géomètre,
Le beau Porphyriou, ce fut un bien grand jour
Pour ces lieux (28). La valeur qui se mesure au mètre
Ne pourra, je le crois, se maintenir toujours.

Si National-Oak, plus tard avait pu naître,
Sa taille, qui du Pin lui fit fermer l'accès,
Mieux que ses grands moyens le ferait bien connaître.
Ton ampleur, Rubini, t'a valu des succès (29)!

Long-temps Marche-Maisons regrettera l'absence
De deux belles juments; le riche Saint-Léger
Au nombre de ses fils, Tic-Tac et Quintescence,
Dans le Haras du Pin, désormais peut compter (29 bis).

Ses bons herbages sont: le Parc Giroudière,
La Clergerie, Groutel, le Parc du Bois-Aubert,
Les Parcs de l'Orillère et la Métivinère,
Et la Chauvinière, au gazon toujours vert.

3

LES VENTES DE BOURSE.

Aux Ventes on voyait deux types de deux races :
La race du pays, celle de l'étranger (30); •
En vain, dans quelque temps, on cherchera leurs traces.
N'ayez pas de chevaux pour toujours en changer.

Grands-Prés et Pré-Carré, grand Parc de Pécheloche,
Pour juments et poulains sont des fonds excellents ;
Aux trois Parcs du Logis on fera le reproche
D'avoir dans les forêts des voisins fort génants.

ECHOUFFLEY.

Pour étalons, je crois qu'il serait impossible
De trouver rien de mieux que les Parcs des Rigoux ;
Le grand Parc Brémontier (31) offre un site paisible, •
Les Prés, le Parc Belin, un gazon tendre et doux.

ESSAY. — BOITRON. — BURSARD.

Quels grands enseignements
Donne cette poussière,
Vaincus et conquérants
Dorment sous cette pierre ;
　　La Mort
Les a tous mis d'accord !

L'Anglais du fond des prés
Demande une prière ;
Surprise sur l'Avés
Son armée tout entière,
　　Un jour (32)
Disparut sans retour.

Pauvre et vieille Genette,
Lève ton front bien haut,
Jadis ton toit modeste
Ombragea le berceau

Où Valazé,
Des Genettes sont nés.

On nomme Beaufossé
Ce gracieux cottage
Caché dans un bosquet ;
Une onde au doux langage
    Autour
Murmure avec amour.

Quel est donc ce moulin
Dont les immenses ailes
Tournent dans le lointain
Au séjour des étoiles ?
    Boitron,
. Restes d'un vieux donjon.

Colline abandonnée
Où le vent seul gémit,
Jadis vaillante épée
En chassa l'ennemi
    Mallard (33),
Où sont tes étendards ?

Longtemps cette contrée
Sous leurs plis s'abrita ;
Ma grande renommée
Dans la paix s'éclipsa,
    Mon nom
Ne fut plus qu'un vain son.

Rien n'attire un regard
Dans ces plaines sauvages
Où se cache Bursard,
Mais, dans le voisinage,
    Allons
Visiter Matignon.

Ces voyantes couleurs,
Qui sentent la fabrique
Tuent l'éclat de tes fleurs ;
Recrépis cette brique,

       Des tons moins durs
       Orneront mieux tes murs !

       Bois-Roussel est ici
       Noyé dans la verdure,
       Gracieuse oasis
       Que l'art et la nature
              Unis
       Créèrent à l'envi.

Essay fut le chef-lieu d'une jumenterie
Qui dut son origine aux malheurs du Haras (34).
Précieuses juments, la nouvelle patrie
Vous offre un sur asile, Essay vous tend les bras.

Les poulains y naissaient sous les yeux de leur maître,
Plus grands, ils s'en allaient chercher au Merlerault
Le nerf et la vigueur que ce pays fait naître ;
Ramenés à Essay, quand ils étaient chevaux (35).

Parmi ses meilleurs fils, on compte : Mythridate,
Minos et l'Exalté. La race du Marché (36)
Lui fournit (je ne saurais bien préciser la date),
Un rameau de Masseud à grand prix arraché.

Cette belle jument s'entoura d'une escorte
De produits renommés que la Biche illustra ;
Mais, que vienne la mort frapper à cette porte,
Le fruit de tant de soins aux vents s'envolera (37).

Revenons à nos parcs : Essay de la Boyère
A bien droit d'être fier, de l'Etang de Corday,
De ce grand clos qui fut le Parc du Monastère
Et des fertiles Parcs nommés les Prés d'Essay.

On remarque à Boitron le grand Parc de Fontaine
D'un côté les Jardins et de l'autre les Vaux.
La Bretesche est plus loin, marchons tout d'une baleine,
Vers ce castel qui fut un berceau de chevaux.

Cette antique Bretesche autrefois eut pour maître
Jean cinq de Saint-Aignan, écuyer d'Henri deux (38).

C'est là, qu'en sa jeunesse, il élève et fait naître
Les races qu'à Montrond il transporta plus vieux.

Heureux qui de Bursard visite les Fontaines
Et l'herbage des Vaux, où ces belles juments,
L'honneur de Chantilly, oublient toutes leurs peines
En voyant d'un œil fier les jeux de leurs enfants (39)!

AUNAY.

Sur un riant coteau, couronné de tourelles,
Aunay montre de loin son front majestueux,
Et deux vertes forêts, comme deux sœurs jumelles,
En de larges contours, s'étagent sous ses yeux.

Son église au-dessous, cachée, mystérieuse,
Sous l'aile des grands bois, apparaît à son tour,
Et son bel oratoire œuvre auguste et pieuse
Que l'on dirait sorti d'une extase d'amour.

La grande ombre des bois, si propre aux rêveries,
Nous invite d'aller méditer un instant
Sur tous ces souvenirs pleins de mélancolies,
Sur ces deux nobles fleurs couchées dans le néant.

On voudrait demeurer sous ces sublimes voûtes
Oublié par le monde, heureux sous l'œil de Dieu,
Jetant avec froideur au dédale des routes
Que l'on nomme la vie, un éternel adieu !

Je m'entends rappeler ma promesse indiscrète,
Il faut nous arracher à ces tranquilles lieux.
Marchant vers l'inconnu le passé se regrette;
Le bois vient de finir, les prés frappent nos yeux.

Les trois Parcs du Château sont pour poulinières (40),
L'air y est à la fois tempéré, vif et pur;
Les chevaux de commerce ont les Roulandières,
Le gazon sous le chêne est toujours un peu dur.

SAINT-AUBIN-D'APPENAY.

Saint-Aubin, je l'ai dit (41), est la source première
D'où sortit autrefois, en modestes ruisseaux,
Cette onde qui plus tard devient une rivière.
Honneur à Saint-Aubin qui créa vos chevaux.

Le premier étalon vivait aux Faveries,
Castel environné d'herbages plantureux,
Nourrissant ses juments d'herbes toujours fleuries;
Il monte à la Rablais quand il devient plus vieux (42).

C'est là qu'il termina sa glorieuse vie,
Et c'est là que finit le vieux King du Haras (43).
De mon trop long discours, lecteur, je t'ennuie,
Au travers de ce stud marchons à plus grands pas.

Sur l'étalon Langlois (44) je ne saurais me taire,
Et la vieille D. I. O., mère de tant d'enfants,
La belle Emelina, riche fleur d'Angleterre (45),
Rabelais et Tippler, beaux fruits de ses vieux ans.

Parcourons vivement la bonne Thuilarie,
L'excellent Parc de Tanche, aimés de tous chevaux,
Et la Tahardière, en la même prairie,
Et les cinq Parcs d'Ouilly, par delà les coteaux.

Le vieux Logis d'Ouilly conserve encor deux branches
De la race première, au type d'Alençon (46)
Associées depuis; de belles alliances
Ont donné ces juments qui fixent l'attention (47).

LALEU.

On a cité Laleu pour ses juments d'élite (48)
Dont l'une d'elles fut la mère de Bailly (49),
On y rencontre peu d'herbages de mérite,
Hors les quelques morceaux du Logis de Rouilly.

COULONGE.

Coulonge est le premier parmi les plus beaux sites,
Paré de frais massifs, un ravissant coteau
Dominant des lointains que rêvent les artistes
Fournit un vert tapis aux pieds de ce château.

On aimerait à voir, au détour de ces routes,
Les herbages meublés de juments de pur sang,
Seules sous les ormeaux, ou formant de beaux groupes
Autour de leurs poulains qui se jouent en courant.

Trois en l'Herbage Gras sans peine on pourrait mettre,
Une serait très bien dans le clos du Lavoir ;
Les pouliches iraient aux herbages du Tertre,
Et le Parc de Souvelle est jaloux d'en avoir.

EXCURSION A FALENDRE ET A LA GRIMONNIÈRE.

CANTON DE MOULINS.

Le sort au Meale donne une jumenterie (50)
Que sa naissance attache au sol du Merlerault,
C'est Falendre ; l'hiver peuple son écurie,
Merlerault, au printemps, lui reprend ses chevaux.

Toutefois ne privons nos yeux d'une merveille,
Allons voir son château, ses grands toits aériens,
La pierre qui s'unit à la brique vermeille,
Ces sveltes pavillons au milieu des sapins.

Coquettement bâti dans le style Louis treize,
Site, grands bois, château, tout est harmonieux,
Cette allée, ce coteau, d'où sapin et mélèze,
Rivaux pour l'embellir, s'élancent vers les cieux.

Le Parc de Mahéru, que cachent ces vallées,
Pour l'homme de cheval est un riche trésor,

Le voici : couronné de côtes escarpées,
Il semble une émeraude enchâssée dans de l'or.

Plus d'un bel étalon ce bon Parc a vu naître,
Mais je ne veux citer que le nom de Printemps (51).
Les Parcs de Cour-d'Évesque à gauche vont paraître,
Et de doux souvenirs s'offrir en même temps (51 bis).

Passons rapidement cette grande bourgade
Que l'on nomme Moulins, gravissons les hauteurs
De ce beau tumulus d'où l'œil au loin regarde
D'un horizon sans fin les changeantes couleurs.

Un verdoyant herbage à ses pieds se déploie,
Remarquable partout, en ces stériles lieux
Il l'est bien plus encor. Abordons cette voie
Qui court en serpentant parmi les champs poudreux.

Voici la Grimonnière, antique résidence (52)
De Jean de Saint-Aignan, écuyer d'Henri deux ;
L'éleveur s'aime bien dans ce lieu de plaisance
Richement encadré d'herbages plantureux.

Kadmor et le Doyen, étalons remarquables (53),
Venus petits poulains en sortirent chevaux.
Que de belles juments, que de produits notables,
Y naissent et s'en vont grandir au Merlerault (54)!

CANTON DE COURTOMER.

BURES.

Maintenant nous foulons les herbages de Bures,
Dont le sol un peu mou convient à des juments :
Deux de la Maison-Rouge, et les Grandes-Coutures,
Le Grand-Parc, Pluviers sont les plus abondants.

SAINTE-SCOLASSE. — MONTCHEVREL.

Le grand Parc du Mesnil, fleur de Sainte-Scolasse,

Offre aux jeunes chevaux abondance et parcours.
Une belle jument, heureuse se prélasse
Dans chacun des Parcs-Prompt, étroits dans leurs contours,

Riches dans leur essence; aux Petites Rosières
Sans crainte vous pourrez en demander autant.
Ces clos de Montchevrel, sont au nord les frontières;
Voici ses autres Parcs, voyons-les en passant :

La Vannerie, le Crocq, le Parc de la Gislière,
Les Couchages, Biot, Parc-du-Bois et Couchants;
L'Herbage du Chesnay, Percochère et Rozière,
Tournent bien les chevaux, plaisent bien aux juments.

Naguères, Montchevrel nourrit de bonnes races
D'où sortit la Jaggard et le bel Olympien (55);
Vainement, aujourd'hui, l'on recherche leurs traces,
Des souvenirs, toujours, mais des chevaux, plus rien.

LE CHALENGE.

Le beau Parc-des-Poiriers, le meilleur du Chalenge
Est aussi le plus grand : le Tertre, Parc-Godet,
La Bruyère, Eperon, d'un difficile échange,
Égaux au second rang, pourraient former l'objet.

Le Tertre abandonné regrette qu'un artiste
Détournant un instant ses pas du grand chemin,
Ne vienne en ces vallons, contempler un beau site,
Qu'il va chercher au loin, quand il l'a sous la main.

Une abrupte colline, une antique tourelle,
Svelte et charmante encor, malgré les coups des ans;
Pareille au vieux guerrier que la gloire réveille
En contant ses exploits à ses petits enfants.

LE MESNIL-GUYON.

Maintenant il nous faut quêter quelques herbages
Dispersés çà et là dans le Mesnil-Guyon;
Ce soin m'irait bien peu, saluons ces parages;
Le cheval nous appelle en d'autres régions.

SAINT-CÉNERY. — SOURCES-DE-L'ORNE. — AUNOU. — SÉES.
— NEAUPHLE. — ESSAY. — FORÊTS-DE-MONTMIRAIL,
DES VENTES, DU MESNIL-BROUST.

Quels sont ces marronniers
Aux doux et frais ombrages,
Dressant leurs fronts altiers
Jusqu'au sein des nuages?...
    On dit
Que c'est Saint-Cénery.

Ici naquit Conté,
Soldat, peintre et chimiste,
Son nom sera cité
Pour d'éclatants services;
    Crayons,
Dessinez son blason !

De la pente ondulée
De ce riant coteau,
L'Orne tout étonnée
De quitter son berceau,
    S'enfuit
Gracieuse et sans bruit.

Talent noble et modeste,
Qui veux être ignoré,
Ta belle âme nous reste
Dans ce marbre inspiré;
    L'Amour (*),
Te dicta ces contours !. .

(*) Magnifique bas-relief qui ne porte aucun nom d'auteur et que l'on croit avoir été sculpté pour Anne-Renée Mallart, dame de Médavy, laquelle devint femme de Jean d'Osmond. Il était dans la chapelle du château de Médavy, d'où il a été transporté dans l'église d'Aunou, avec les tombes de Renée Mallart, de Jean d'Osmond son mari, de Charles-Léon Mallart, son frère, et de Léon Mallard, son père. C'est à madame la marquise de Briges, qu'Aunou doit ce superbe morceau.

Garde bien ton trésor
Que mainte basilique
Ravirait sans remords ;
En te voyant si riche,
   Aunou,
Chacun se sent jaloux.

Temple auguste et pieux,
Beau poëme de pierre,
Vous montez dans les cieux
Comme une humble prière,
   Clochers légers,
Pareils à deux palmiers !

Au bout de ces champs nus
Quelques jolis bocages,
Chesnay, Grand-Lay, Bois-Hus,
Puis Neauphle humble village
   Assia
Au bord des prés fleuris.

Salut, ville d'Essay,
Reine découronnée,
Grands coteaux bien boisés,
Verdoyante vallée,
   Sombres forêts
Toujours pleines d'attraits.

DÉPARTEMENT DE LA SARTHE.

CANTON DE LA FRESNAYE.

SAINT-PAUL.

A gué passons la Sarthe et parcourons le Maine,
Saint-Faul, au fond des prés, frappe d'abord les yeux ;
De la Loge à Bias qu'en regard se promène
Il n'aperçoit partout qu'herbages plantureux.

ROULLÉE.

A Roullée nous voyons les deux belles Livrées,
Roncherolles, l'Étang, les Frilleux, Villeray,
Les fameux Prés-le-Comte et ces tours crénelées
Nous indiquent Garenne au-dessus de Hertray.

BLÈVES.

CHATEAU DE LA GASTINE A LOUZE.

A Blèves, je le sais, je passe maint herbage,
Mais, ne vaut-il pas mieux de la mère d'Ida
Retracer la beauté, la race et le courage,
Elle qu'en vingt combats Montebello guida (56)?

————

ANCIENNE PROVINCE DU PERCHE (ORNE).

Il nous faut mettre un pied dans une autre province;
Le Perche si fameux par ses chevaux de trait,
Nourrit dans deux cantons une race plus *mince*.
A ses coteaux boisés sans peine on le connaît.

————

CANTON DE PERVENCHÈRES.

BARVILLE.

Reposant sur les eaux comme un nouveau Moïse,
Le château de Blavette a son charme en été.
Le cheval, en ses prés, qu'il orne et poétise,
Pour se faire admirer bondit avec fierté.

Parcourons ces beaux parcs, qu'aime la poulinière·
Celui qui resplendit sous les yeux du château

L'herbage de Botrel, celui de la Rivière,
Gués-du-Bois, Prés-le-Comte assis au bord de l'eau.

SAINT-JULIEN.

Saint-Julien çà et là sème ses beaux herbages :
Les Défaits, d'un côté, la cour de Montgombert,
Les Couchages, la Motte et ces deux pâturages
Qui près de Fournival tendent leur tapis vert.

VIDAY. — PERVENCHÈRES.

Si l'on veut dans Viday trouver des pâturages,
Belle-Nos, les Défaits offriront les meilleurs.
Pervenchères caché dans les plis des bocages,
Du haut de ce coteau (57), sonde leur profondeur.

L'Etang de Vauvineux, Hôtel-Blot, Fossardière,
Pré-du-Coq, les Parcs près de l'Hôtel-Montgain ;
Le coup d'œil est sublime, et la cime si fière
Des grands clochers de Sées brille dans le lointain.

SAINT-QUENTIN.

Au nom de Saint-Quentin, se lie la Beaudrière,
La Goisbrie, Chisevers, deux tiers du Gué-Fauveau,
Quatre enclos appelés Mazure et Crétochère;
La Grande Cornillère, en un large plateau

Reposant près des bois ; les Menès, le Couchage,
L'Herbage de Couffy, d'un sol moins abondant,
La triple Drouettière excellent pâturage,
Les Riviers et Rosière étendus au levant.

CANTON DE BAZOCHES.

BURÉ.

Buré, pour sa limite, a ce ruisseau modeste
Qu'ont pleuré ces versants l'un sur l'autre étagés :

Gravissons les hauteurs de cette côte agreste
Qu'ornent trois tumulus artistement rangés.

Quelle dérision des vanités humaines !...
Ces guerriers dont le nom remplissait tous ces lieux ,
Reposent ignorés sur leurs couches hautaines ,
Le pied foule leurs fronts sans plus songer à eux !...

Le cheval qu'ils guidaient au milieu des batailles
Est-il mort sans retour, ou bien a-t-il produit,
Renonçant aux combats, une de ces cavales
Dont l'éclat d'Orient comme au désert reluit ?

Visitons ces beaux Parcs : la triple Bouhourdière ,
Ici l'Hôtel-Geslin et les trois Gués Fauveau ,
Où le fils trop léger, d'une mère légère ,
Se charpente avec force, apprend à être beau .

Cet autre tumulus, d'une taille moins fière ,
Nommé Montizambert , défend l'entrée du pont
Qu'un Catinat bâtit pour franchir la rivière (58) :
Au nom de Catinat, passant , baisse ton front .

Ce beau nom dont le Perche aime à rêver la gloire ,
Commence dans ces lieux à jeter de l'éclat (59) ;
Le maréchal paraît, son épée dans l'histoire
Grave en traits immortels le nom de Catinat.

LA MESNIÈRE

Ces grands prés, sur la gauche, appelés les Tros Larges ,
Pourront seuls, en passant, frapper nos yeux distraits ;
Après de longs détours, on atteint les herbages
Qui viennent se grouper autour des Joncherets.

Les Joncherets, jadis, orgueilleux de leurs races (60),
Par les *chevaux privés* furent empoisonnés.
Gardez-vous, éleveurs , de marcher sur ces traces ;
Repoussez de vos fronts l'épée de Damoclès (61).

Mais gardez-vous surtout contre cette tendance
De grossir votre race avec le Percheron :

Un produit *décousu* sort de cette alliance,
Qui marque de son sceau chaque génération.

On obtiendra souvent beau dessus, belle tête,
Mais l'*ischion* trop bas et l'*ilion* trop haut (62),
L'encolure un peu courte et souvent trop replète,
Tendon toujours failli, membre grêle et pied gros.

Vous, éleveurs du Perche, ayez assez de force
Pour maintenir intacts vos solides chevaux ;
Donnez-leur des tendons, mais conservez leur torse,
Trop de fin, trop de sang, les rendraient bien moins beaux.

Et vous n'avez d'ailleurs ni l'écurie commode,
Ni l'herbage abondant, ni les chemins unis,
Ni les plaines sans fin, ni l'homme qui les forme ;
Aux rustiques leçons ils ne sont point soumis.

A vingt mois vos poulains savent gagner leur vie,
A trente mois ils sont ravis au poids de l'or ;
Les tares n'en font point des rebuts d'écurie,
Les bons triplent leur prix, les mauvais *paient* encor

Vous avez la main faite à cette marchandise,
On a pour même prix le double de poulains,
Deux fois, tous les quatre ans, on retrouve sa mise,
Ils augmentent toujours, sans demander de soins.

·NOTES.

1. La maison Bellier, à Saint-Julien-sur-Sarthe. La race
dont il s'agit ici est éteinte, ainsi qu'une autre qui
venait de la Genevraye, près le Merlerault, chez
M. Lamarre.

2. 26. M. de Villerau, à Eperrais, originaire de la terre
de la Bunetière, à Boitron, dont il portait le nom,
avait formé à sa terre de la Chauvinière, à Marche-Maisons, une bonne race qui remonte à une pouliche que
M. Bigot-Pontmesnil, fermier général et directeur de la
jumenterie du Marquisat de Nonant lui avait fait ache-
ter lorsque la révolution dispersa cet établissement,
dont les débris furent sauvés par M. Pontmesnil et
M. Laudon, qui administrèrent le marquisat pendant la
révolution. A la paix, M. le comte de Narbonne ras-
sembla tout ce qu'il put trouver des restes du haras
de son père et créa la jumenterie de la Roche (voyez
note 8, au Merlerault). Le Vieil Émilius, par Fortuné
Normand, est né chez M. de Villerau. Cette jumenterie est aujourd'hui dispersée. Il existait encore à Marche-Maisons, à la ferme de la Métivinère, une bonne
race chez M. Chollet; cet établissement est dispersé.

3. 34. 35. 36. 37. M. Levesque, à Essay, acheta lors de
la destruction du Haras du Pin, plusieurs juments de
cet établissement; plus tard il y acheta encore une jument de réforme, Corinne, par D.I.O. Vers 1826 il eut
de M. Gaillet, à Aunou, une fille de Massoud, sortie
d'une Rattler, sortie de la fameuse Lilly par States-
man (voyez note 63, au Merlerault). Cette Massoud fut
mère de Biche, par Valient, qui est possédée aujour-
d'hui par M. Boscher, à Marcay. M. Levesque jouis-
sait de la Hulinière et des Bertheries, à Gisnay, ce qui
lui procurait l'avantage de faire saillir ses juments par
les meilleurs étalons du haras et d'élever mieux ses
poulains. Mythridate, par Commodore et fille de Fortuné Normand. L'Exalté (ex-Eclair), par Muphly 2ᵉ et
fille d'Inconstant. Minos, par Séduisant 2ᵉ et fille de
Préféré.

4. 14. 15 16. M. le marquis de Laigle, qui était proprié-
taire de la terre de Saint-Léger, y envoya chez M. Leloup, son fermier, deux vieilles juments anglaises,

l'une bai, l'autre blanche, qui du nom de leur maître s'appelèrent l'Aigle-Bai, l'Aigle-Blanche; toutes deux furent saillies par Bacha : la Bai en eut deux filles, la Blanche en eut deux aussi. Une fille de la Bai fut la fameuse Soubrette, qui fut achetée par le haras du Pin et fut une des gloires de cet établissement (voyez note 75, au Merlerault); l'autre resta chez M. Leloup, où elle eut deux filles par D.I O., l'une d'elles a produit une Valient, qui est mère de la belle Sylvio de M. Vincent Lindet; l'autre D.I.O. fut vendue à M. Gallet, au Petit-Bouveuches, elle donna une fille de Valient, qui fut vendue à M. Ragon, puis revendue à M. Cénery Forcinal, à Saint-Léonard. — Des deux filles de la Blanche une appartint successivement à MM. de Saint-Aubin, de la Charpenterie et Ragot, à Coulonges; l'autre passa de la maison Leloup dans la maison Lindet, à la Motte; elle y donna une fille de Railleur que M. René Lindet a vendue à M. le Cte de Romanet, et que celui-ci a livrée au commerce. — De Thou, né et élevé chez M. Vincent Lindet, par Eylau et fille d'Habile, sortie d'une Jaggard.

5. 26. 27. 48. Jument qui appartenait à M. Le Tessier, à la Broudière, à Marche-Maisons, il la vendit à M. de Château-Thierry, à la Giroudière, à Marche-Maisons. C'est avec cette jument que se forma la belle race qui y brilla longtemps et qui est dispersée aujourd'hui. Une de ses filles par D.I.O. fut vendue à M. Lemonnier, à Laleu, qui en eut une fille par Valient; c'est de cette Valient que sort l'étalon Basly, fils d'Eastham. Windcliff (c'est lui dont il est question note 11, à Alençon), par Windcliff et fille d'Impérieux, sortie d'une D.I.O., sortie de la jument arabe. Carnassier, par Chasseur, et la Solide par Oscar, que M. de Château-Thierry avait achetée de M. Trotté (voyez note 15 à Alençon). Lord Jersey, cheval de pur sang.

6. 20. 21. 22. 23. 24. M. Fleury, à Bouveuches, acheta une jument de M. Augustin Papavoine, jockey de M. Neveu, à Médavy, et qui, pour cette cause, se nomma l'Augustine; la race de cette jument est éteinte. Il eut ensuite Emilie, fille de Rattler, sortie d'une Néron Blanc, sortie d'une Morwick, sortie d'une Volontaire, sortie d'une Piccadilly, sortie d'une jument hollan-

daise. Cette Emilie était de la race de M. Erambert, à Godisson, près Nonant, et cette race était originaire du haras de Borculo, en Hollande. A cette époque, M. Fleury possédait une descendante de l'étalon alezan de la reine Marie-Antoinette (voyez note 19, à Alençon). Bien plus tard, il eut Fanchette, fille de Prétender, dont il est question note 20, à Alençon, et Louise, jument fameuse, venue d'Angleterre, mais dont la généalogie est inconnue. Sylvio, trotteur fameux, par Sylvio et fille de Valient, sortie d'une fille du cheval alezan de la reine, il fut vendu à M. Basly, qui le revendit à M. le marquis de Croix, à Serquigny. Marengo (voyez note 23, au Merlerault). Locomotif, par Emule et fille d'Eylau, sortie de Louise, anglaise. Lysimaque, par Doyen et fille d'Hamilton, jument de M. Guitton, à Roullée. Volante, jument par Eylau et Louise, anglaise. Henry, par Napoléon, et Emilie, par Y. Rattler. Le poulain acheté 9,000 fr. pour la Russie en 1853, était né en 1851, il était par Voltaire et fille Emule, descendue de Fanchette par Prétender. Cette jumenterie doit son origine à une petite-fille de Warwick, que possédait M. le marquis de Marescot, à Bouveuches, et qui était originaire de la plaine d'Alençon.

7. 17. 18. 19. MM. Ratthier frères, au Petit-Bouveuches et à la Haye-de Poislé, ont fondé leur race avec une fille de Vidvid venue de la plaine d'Alençon ; deux belles juments, toutes deux filles de Chasseur, la représentent aujourd'hui. Roméo, par Tipple-Cider, et la Louve, par Chasseur, Valient, Eclatant, Vidvid, né chez M. René Ratthier, élevé par M. Basly. Ganimède, par Chasseur et la même jument, élevé aussi par M. Basly. Kramer (voyez note 2, à Alençon). Fils de Tipple (connu aujourd'hui dans les haras sous le nom de Quercitron), par Tipple-Cider, et Cybèle par Chasseur, Valient, Eclatant, Vidvid, né et élevé chez M. Charles Ratthier.

8. 9. 10 25. 27. M. Ragon, à Marche-Maisons, acheta 1° de M. le comte de Mallart, la fameuse jument Mignonne, qu'il avait acquise à la vente de la jumenterie de Médavy, elle était par un fils d'Highflyer (sorti de la seconde Mignonne), et une fille de Séduisant, sortie

d'une jument de haute race ; la seconde Mignonne était
par le Borgne et la fille de Lancastre, dont il est fait
mention article Médavy, au Merlerault ; le Borgne était
par Docteur et la Vieille Mignonne ; la Vieille Mignonne, par Mignon et fille de Sommerset, sortie
d'une jument de haute race. 2° A une réforme du Pin
la jument de pur sang Mouche, qu'il allia au demi-sang ;
et Ourika, dont il est fait mention note 75, au Merlerault ; c'est d'elle que descend la fille de Railleur, de
M. Delacour, à Cerizay. — Bourgeois-Gentilhomme fils,
dit-on, de Y. Rattler et de la Mignonne, qu'une fatale
erreur a fait confondre avec Xercès. Xercès qui est dit-
on fils d'Hamilton et d'une fille de Phaéton, sont nés
chez M. Ragon. Sa jumenterie qui est aujourd'hui dispersée a des représentants : chez MM. Delacour, Philibert Forcinal à Saint - Aubin, Valuet à Marche-
Maisons, Le Sage à Saint-Aubin, Le Royer à Aunay,
Croizet à Boitron, Herbinière à Brullemail, Cénery
Forcinal à Saint - Léonard, et Boizenon à Saint - Ger-
main, près le Merlerault.

11. 12. 41. 42. 43. 44. 45. Cet étalon appartenait à M. de
Saint-Aubin, qui le ramena d'Angleterre et qui le confia, quand il fut vieux, à M. Aimable Forcinal, à la
Hablais, pour y faire la monte. Le Haras du Pin confia
aussi à M. Forcinal la vieillesse de l'étalon King. Pour
l'étalon Langlois, voyez note 2, à Alençon. M. Philibert
Forcinal, un des fils de M. Forcinal, qui fait l'objet de
cette note, conserve plusieurs rejetons de la vieille
D.I.O., qui descendait d'une fille de Y. Morwick,
sortie d'une petite-fille du cheval de M. de Saint - Aubin. Une fille d'Oscar, sortie de cette D.I.O., vit chez
M. Cénery Forcinal, à Saint-Léonard, et une fille de
Xercès, descendue de cette même D.I.O., se voit chez
M. Cotterel la Saussaye, à Ferrière-la-Verrie. Emelina, jument de pur sang, concédée par le haras à
M. Philibert Forcinal, à qui elle a donné les deux beaux
étalons de pur sang, Tippler et Rabelais.

13. M. Louis Bazile a fondé au Mesle - sur - Sarthe un
établissement de dressage dont les succès, dûs à de
longues et patientes études, lui ont valu en 1853 une
médaille d'argent, et une médaille d'or en 1854.

28. 29. Porphyrion, par Kepy et fille de Xercès, Voltaire, Eclatant, Aimable, né chez M. Hardouin, élevé

par M. Lecomte, à Montrond ; Géomètre, par Eylau et
la fille de Voltaire, Eclatant, etc., élevé par M. Basly.
Radical, par Tipple-Cider et la fille de Xercès, Voltaire, etc., élevé par M. Delacour. National-Oak, par
Royal-Oak et Miss Sophia, anglaise, ancienne jument
de M. Valentin, à Nonant, né et élevé chez M. Es-
nault, à Marche-Maisons ; Rubini, par Voltaire et Miss
Sophia, anglaise, né et élevé dans la même maison.

29 (bis). Tic-Tac, par Tipple-Cider et fille de Xercès,
Voltaire, etc. Quintescence, par Tipple-Cider et fille
de Voltaire, Eclatant, etc. Nés tous deux chez M. Hardouin, à Saint-Léger, et élevés par M. Basly. M. Hardouin avait quitté Marche-Maisons pour se fixer à Saint-
Léger.

30. Une jument de M. de Villerau, nommée la D.I.O,
sortie de la Culotte, par Neptune, descendue de la jument dont il est mention note 2, fut l'origine d'une
race qui était chez M. Le Bacheur. L'autre race, qui était
née du sol, avait pour représentante une fille de Sylvio, sortie d'une D.I.O., descendue de la race de
M. Lefroc, à Coulonges. Cette jumenterie est dispersée.

31. Je l'ai nommé Parc Brémontier, du nom de ses an-
ciens propriétaires, son nom est le Merderel.

32. Une armée anglaise, occupée à pêcher un jour de
vendredi-saint, sur l'étang d'Avés, fut surprise par les
Français et anéantie. Cet étang a été desséché et con-
vertie en prairie.

33. Macé Mallart, voyez note 58, au Merlerault, capitaine
héréditaire d'Essay et sénéchal de Boitron, qui battit les
Anglais sur l'Avés, vivait en 1457. Cette famille a disparu
entièrement du pays et n'a rien conservé de son ancien
patrimoine.

38. Jean 5e de Saint-Aignan, fils de Philippe de Saint-Aignan (fils de Jean et d'Anne d'Erard), et de Mathurine
l'Abbé, dame de Montrond (fille de Guillaume l'Abbé,
chevalier, seigneur de Pétral, Mesnil-Froger, La Rozière,
Montrond, et de Nicolle de Droullin), porte-enseigne,
chevalier, seigneur de la Bretesche, à Boitron, maré-
chal-des-logis de la compagnie de Carrouges, écuyer du
roi Henri II, né en 1534, mort en 1604.

39. M. le comte Pierre Rœderer, a formé avec infiniment

de goût et de savoir, à son château de Bois-Roussel, à Bursard, une jumenterie qui comprend les restes si précieux du haras de Viroflay, qu'il a ainsi sauvés d'une dispersion funeste. Le haras de Viroflay, après la jumenterie du Pin et de Meudon, était autrefois le meilleur de France pour la force, la race et surtout la parfaite acclimatation de ses individus. M. Rœderer y a depuis ajouté quelques juments acquises çà et là, et dont le nom s'inscrit avec honneur au Stud-Book.

40. Les Fontaines, le Drugeon, le Vaux-Renou, auxquels on peut ajouter la Plesse, les Etangs et les Sapins.

46. 47. M. Le Sage possède les rejetons de son ancienne jument grise qui était une fille d'Eclatant, descendue de la race de Saint-Aubin et ceux de la Pick-Pocket de M. Valuet, qui descend de la race de M Ragon; la famille de cette jument est originaire de Coulonges. On voit encore chez M. Le Sage des rejetons d'une fille de Mahomet née chez M. Lalignel, à Mesnil-Erreux, laquelle descendait d'une Dagout, jument célèbre et bien racée de M. Leroux, à Cerizay, voyez note 10, à Alençon. M. Le Sage a aussi puisé à une bonne race qui était chez M. Gérard-Rouvroy, à Ferrière, près Courtomer. Allusion à trois magnifiques juments qui ont fait sensation aux primes du Mesle-sur-Sarthe : une fille d'Iéna, une fille de Boléro et une fille d'Emule.

48. 49. M. Delouche, à Laleu, possédait une bonne jumenterie, de la race du pays, qui est dispersée. Les belles juments que l'on voit encore à Laleu descendent d'une fille d'Eclatant, Aimable, originaire de Saint-Julien et qui était de la race du pays.

50. Administrativement, la jumenterie de Falendre qui relève de la circonscription du Mesle-sur-Sarthe pour la distribution des primes, appartient au Merlerault et par sa position géographique, et par la naissance et l'éducation de ses juments. Toutes viennent du Merlerault et toutes sont élevées dans les fertiles herbages que M. le marquis de Falendre possède à Lignères, près le Merlerault (voyez ce nom et notes 30 et 35, au Merlerault). On y remarque : Aika, par Marmot, et Victoria par Jaggard, Aslan, Volontaire, Docteur, King-Pépin, née et élevée chez M. Souchey; Etoile du Soir, par Sylvio et fille de Y. Rattler, ancienne jument de M. Masson, à Lignères; Frétillon, par Boléro et

Etoile du Soir ; Mi-Carême, par Boléro et Etoile du Soir ; Rattler-Filly, par Boléro et la fille de Rattler ; la Clôture, par Sylvio et fille de Y. Rattler ; Mancia, trotteuse renommée, par Royal, Pick-Pocket, Colibry, Y. Rattler, de l'ancienne race de M de Sancy, au Merlerault ; Gringolette, jument de pur sang, née au haras du Pin ; Sola, jument de pur sang, fille de Gringolette ; une jument arabe qui appartenait à madame la duchesse de Praslin.

Grâce aux soins de M. de Falendre, ces lieux voient refleurir aujourd'hui leur ancienne gloire équestre. Avant d'être possédé par la maison de Falendre, ce château était à la famille Mallart (voyez note 58 au Merlerault, et note 33 au Mesle-sur-Sarthe). Les Mallart en étaient devenus maîtres par le mariage de Guillaume Mallart avec Marguerite Patry, héritière de Falendre, qui était petite-fille de Oudet Patry, seigneur de Falendre, où il naquit le 5 février 1508, et mourut le 7 avril 1571. Il était, en son vivant, échanson, et dans la suite écuyer de la reine Eléonore d'Autriche, femme de François Ier, roi de France, sa femme, Dona-Maria de Valcarsel, Espagnole comme la reine, était sa dame d'honneur. Oudet Patry était fils de Lion Patry, pannetier et écuyer de la reine Anne de Bretagne, femme de Louis XII, et de Jacqueline de Monnay, dame de Falendre.

Le cheval ne fait donc qu'ajouter aujourd'hui un anneau de plus à cette brillante chaîne équestre que la tradition et de précieux documents nous déroulent depuis plus de trois cents ans dans ces historiques domaines.

51. Printemps, que je me contente de citer ici, est par Kadmor, Friedland, impérieux, Buffalo, Éclatant, né chez M. Le Muet, à Mahéru, élevé par M. Ralhier à Saint-Léger.

51 (bis). Doyen et ses frères.

52. Jean de Saint-Aignan, cité à Boitron, vint demeurer à la Grimonnière après son mariage avec Jeanne du Plessis, dame de la Grimonnière, et il y mourut. Cette terre est possédée aujourd'hui, par M. Deshayes, de la Grimonnière.

53. Kadmor, cité note 9, au Merlerault, par Sylvio, Railleur, Colibry, Y. Rattler, né chez Mme Chartel, au Mer-

lerault, élevé par M. Deshayes, de la Grimonnière.
Doyen, par Sylvio, et fille de Buffalo, né chez M. Agui-
net, à Cour-d'Évesque, aujourd'hui un des meilleurs
éleveurs d'Alençon.

54. Fille d'Eastham; fille de Sylvio sortie de l'Eastham; fille
de Dangerous, sortie d'une Jaggard, d'une Rattler ancienne jument de Médavy, d'une Bacha, d'une Zéphir,
etc.; fille de Fire-Avray, sortie d'une Jaggard, de la race
de M. Erambert; Mazagran trotteur fameux, frère de la
Fire-Avray; Eugène par Y. Reveller, et fille d'Eastham;
Lycomède, frère de Kadmor; Nicolas par Honorable et
fille de Dangerous; Hermion par Paradox et fille de
Sylvio; etc. M. Deshayes a longtemps élevé dans les
herbages de Montchauvel, à Exmes, dans ceux de
Talonney et de la Mussoire, au Merlerault (voyez le
Merlerault).

55. Olympien par Dominant, Aimable, Piseuor, jument
de l'ancienne race, un des plus beaux chevaux qu'ait
produit la Normandie; il était né chez M. Pontonnier,
à Montchévrel. La Jaggard, surnommée la Pontonnière,
par Jaggard, Fortuné, Aimable, etc., née chez M. Pontonnier, vendue à M. Erambert, à Godisson. C'est
d'elle dont il est parlé note 54.

56. Mascarille, jument arabe, appartenait à M. le prince
Galitzin, qui l'avait prise dans ses haras pour le por-
ter à la guerre; la chance des combats la fit tomber
entre les mains du duc de Montebello, qui la mon-
tait lorsqu'il fut tué. Après sa mort, le sort des en-
chères la plaça entre les mains de M. le comte de Semallé, chez qui elle mit bas quelques jours après une
pouliche nommée Ida, et elle mourut de ses fatigues.
Cette jument, saillie en Russie par un cheval arabe,
ainsi que le fait fut démontré et prouvé à cette époque,
avait traversé toute l'Europe, assisté à grand nombre
de combats, supporté de longues et pénibles marches
sans avorter. Sa fille devint une très belle jument, qui
eut à son tour des produits remarquables. C'est d'elle
que sort Zoë, fille d'Eclatant, jument de M. de Bourgeauville (voyez note 12, à Alençon), et Olga, par
Valient, qui appartint successivement à MM. Contan-
cin et Souchey, et dont le dernier fils est l'étalon Orne,
par Hospodar, dont il est parlé à l'article Saint-Léonard
(voyez le Merlerault).

57. Le coteau où s'élèvent les belles ruines du château de Vauvineux.

58. 59. Pierre de Catinat, père du maréchal de France. Nicolas de Catinat, Maréchal de France. La maison de Catinat, anoblie vers 1400 pour une action d'éclat, est originaire de Vaugelet, à la Mesnière.

60. Château possédé autrefois par M. le Général Marquis de Puisaye.

61. Allusion aux étalons des particuliers qui, à mon avis, sont un danger de tous les jours pour la pureté et la conservation de nos races.

Damoclès, célèbre flatteur de Denys, tyran de Syracuse, affectait de vanter dans toutes les occasions ses richesses, sa magnificence et surtout son bonheur. Il changea bientôt de sentiment : le tyran l'ayant invité à un festin magnifique, après l'avoir fait habiller et servir en prince, fit suspendre au-dessus de sa tête, pendant le repas, une épée nue qui ne tenait au plafond qu'avec un crin de cheval. Il sentit ce que c'était que la félicité, et demanda qu'on le laissât jouir de la médiocrité de son premier état.

Nous ne demandons pas que l'Administration nous accorde l'honneur d'avoir des étalons et de remplacer les haras, nous la prions de nous permettre, comme par le passé, de chercher dans les secours des haras, le sang qui fit notre race et la gloire de nos contrées équestres.

62. Disposition anatomique de la hanche, particulière aux races communes, qui produit ce que l'on appelle vulgairement le rognon haut et la croupe rabattue.

FIN.